TIPOS DE AMOR!!!

E Tudo o que envolve um relacionamento

Sumário

1-O que é amor?

Vocês sabem responder o que é amor? Muitas pessoas não sabem o que é amor ou amar confundem amor com paixão ou desejo, vamos definir amor em apenas uma palavra "sacrifício " amar outra pessoa é sacrificar , mas vocês devem estar se perguntando, sacrificar o que? Então deixe te explicar sacrificar seu Eu, sacrificar a sua própria vontade, Amar é se sacrificar pelo benefício de quem é amado. Portanto, não é um sentimento, e sim uma decisão marcada pela negação do próprio eu. Para quem ama, querer o bem da pessoa amada é mais importante do que qualquer interesse pessoal. Por isso, o verdadeiro amor é mais do que apenas sexo, presentes, ou declarações românticas. Pense nisso...

Quando amamos uma outra pessoa as coisas ao nosso redor fluem muito melhor em uma leveza e alegria que temos a absoluta certeza que tudo dará certo, quando amamos fazemos de tudo para estar perto da pessoa amada, sacrificamos muitas coisas e vontades por aquele momento de estar perto, estar juntos, poder ajudar a pessoa que amamos de alguma forma, dando nosso carinho, dando nossa atenção e nos doando de verdade .

2- Amor

O amor é essencialmente uma decisão . Trata-se de um comportamento que pode ser breve ou duradoura, expressa de diversas formas e em vários tipos de relação.

O amor tem um componente misterioso e inclusive inexplicável. Por este motivo, pensadores, poetas e artistas tentam expressar os diferentes aspectos desse sentimento.

O amor envolve dois elementos ou pessoas que se relacionam. Ao menos um deles tem uma decisão de querer demonstrar o carinho profundo pelo outro. Este ingrediente emotivo pode ser bem variado: um desejo carnal, platônico, fraterno, passageiro, espiritual e muito mais. Não há um modelo específico. De fato, é possível ter duas sensações opostas e ao mesmo tempo como o amor e o ódio.

Uma visão limitada do amor é o vínculo afetivo entre um homem e uma mulher. Trata-se simplesmente de uma de suas variantes. Na verdade, tem sentido falar de amor sem limites aos humanos. Há pessoas que sentem uma intensa paixão por sua profissão, que têm afinidade espiritual profunda por Deus ou que se sacrificam até o limite pelo próximo. Estas atitudes são também uma manifestação de amor.

Um dos aspectos particulares do amor é seu componente ambivalente. Existe um amor generoso, venerado, compreensivo e bondoso com o ser querido. Pelo contrário, este amor pode ser menos amável como a obsessão, o ciúme e o sentimento de posse da pessoa amada. Há quem considere que estes ingredientes não manifestam um verdadeiro amor.

Esta polêmica sobre a autenticidade do sentimento amoroso é exemplo de um grande debate.

O que não se questiona é o elemento qualificativo do amor, pois sua intensidade e profundidade o tornam um sentimento muito diferente dos outros como a amizade ou a atração.

Como tema universal, o ser humano não deixa de querer saber sobre seu verdadeiro significado e alcance. Ao mesmo tempo, é um ideal da humanidade, um dos valores que quando está presente exalta a condição humana.

A literatura, o cinema e a arte oferecem uma imagem elevada e sublime deste sentimento humano. Para alguns, o amor é aquele que mais o impulsiona a agir, de alguma maneira, é a força que move o mundo.

3- Amor Verdadeiro.

O amor verdadeiro é a decisão vivida por um casal e sonhado por muitas pessoas. Vale ressaltar que para o amor ser verdadeiro é necessário que exista reciprocidade. Não existe amor se apenas um ama e não é correspondido. Somente é possível criar um projeto compartilhado em comum com a colaboração mútua e pela vontade de ambos. O amor verdadeiro vem do carinho incondicional. Este sentimento tão forte ocorre quando uma pessoa conhece a outra de verdade, não apenas suas virtudes, mas também seus defeitos.

Não existe amor se não há um conhecimento real do outro. Portanto, nenhuma pessoa pode amar de verdade a outra em um primeiro encontro ou no primeiro mês de namoro. A paixão não é amor. Esta é uma etapa do amor que nem sempre deriva desse

sentimento de incondicionalidade e
de aceitação plena do outro.

3.1-Amor incondicional

O amor verdadeiro significa respeitar o outro em sua dignidade, compreendendo que este é um ser diferente de si

Portanto, se você ama de verdade deve respeitar a liberdade alheia. Este aspecto é importante para diferenciar de qualquer apego ou amor tóxico. A atração física se acalma com o passar do tempo da mesma forma que a beleza corporal, pois com os anos, surgem as rugas, no entanto, existe uma forma de amor que pode perdurar e crescer: a admiração.

3.2- A admiração que sente pelo modo de ser de sua parceira ou algumas de suas virtudes, por exemplo, sua capacidade de superação, paciência, atitude positiva diante da vida, etc.

4- Estereótipos românticos

O amor verdadeiro não tem nada a ver com as comédias românticas. Duas pessoas que se amam

de verdade também discutem, mas resolvem de
forma assertiva suas diferenças

O amor verdadeiro não se encontra de modo
definitivo, mas se constrói a cada dia, isto é, as
pessoas que conseguem desfrutar de uma
estabilidade sentimental durante muito tempo
buscam a fórmula de romper a rotina para proteger
sua história através de novos detalhes e mais
caminhos.

A escuta ativa, a humildade, o contato físico, o
tempo de lazer compartilhado em comum,
a amizade, a fidelidade e a comunicação são
ingredientes básicos na receita do amor verdadeiro.
O amor que não é só sentimento, mas também razão
e inteligência.

5- Amar

Amar significa tomar a decisão de sacrificar seu
querer para dividir sua vida com um outro alguém .
Esta definição é aceitável, mas de alguma maneira
complexa, já que o sentimento do amor é
especialmente complexo.

O conceito amar pode ser analisado a partir de várias perspectivas, através de uma dimensão filosófica, poética e inclusive religiosa. Em todo caso, sempre há um componente misterioso e inexplicável relacionado ao fato de amar.

Tradicionalmente, a ideia de amar está relacionada ao desejo intenso de estar com alguém e compartilhar com esta pessoa laços afetivos e duradouros.

Trata-se de uma vivência intensa, embora seja ao mesmo tempo dolorosa. Este aspecto contraditório é um dos seus elementos característicos. A proximidade entre o amor e o ódio é inevitável, com facilidade passa de um sentimento ao outro. Quando pensamos em amar outra pessoa associamos de imediato uma relação entre homem e mulher. Entretanto, este sentimento é mais amplo do que se imagina, podemos amar os filhos, uma atividade, um animal e até uma pessoa do mesmo sexo. Amamos porque há algo em nosso interior que nos empurra para isso.

Este algo é, precisamente, um componente misterioso, estranho e quase que inexplicável.

6- Existem duas faces no amor

Uma é claramente positiva e se caracteriza pela entrega ao ser querido, pela atitude generosa ou desinteressada e por um sentimento nobre e bondoso. Há um lado obscuro relacionado ao ato de amar, pois há uma inclinação ao sentido de posse do ser ou do objeto amado, um sentimento de preocupação e angústia diante do medo de perder aquilo que se ama, inclusive se fala da loucura do amor, isto é, a possibilidade de cometer alguma ação irracional provocada pelo intenso desejo.

Tanto na versão positiva como na negativa, existe uma intensidade emocional diferente de qualquer outro aspecto emotivo.

O que se tenta é explicar o significado de amar. Costuma-se dizer que é uma reação química criada em nosso organismo.

Esta avaliação biológica se traduz em palavras e são os poetas aqueles que mais se dedicam em exaltar o amor, assim como lamentá-lo em certos momentos. As vivências espirituais profundas são também descritas como uma experiência amorosa. Os filósofos sempre analisaram esta ideia e apontam a filosofia como um amor à sabedoria.

7- Amor Incondicional .

Nas relações humanas, há todo tipo de vínculo quando uma condição é imposta de maneira natural. Assim, podemos ajudar um vizinho com a condição de que ele faça o mesmo conosco ou façamos algum favor a alguém, desde que calculemos que essa pessoa se comportará da mesma maneira caso precisarmos dela.

Em poucas palavras, colocamos condições na maioria das circunstâncias sociais. No entanto, algumas versões do amor não estão sujeitas a esta regra. Nestes casos, fala-se de amor incondicional. Isto significa que não se espera nada em troca, que o sentimento em relação ao outro não está sujeito a nenhuma forma de interesse e que, acima de tudo, o que se deseja é o bem da pessoa amada.

Uma das formas de amor mais puras e elevadas

Esta forma de amor não está sujeita ao benefício pessoal ou à autossatisfação. Pelo contrário, está destinada ao o bem-estar do outro.

No amor incondicional as dificuldades ou os problemas não estabelecem nenhum obstáculo, pois em seu interior há uma força capaz de superar qualquer circunstância adversa.

É um amor sem exigências ou censuras. O desejo de dar acima de tudo é imposto e não há nada que possa enfraquecer este sentimento.

Também está presente entre nossos amigos de quatro patas.

Os seres humanos não têm exclusividade no amor. Está comprovado de modo fidedigno que o sentimento que os cachorros sentem por seus donos se parece muito com a ideia de amor incondicional de uma mãe por seu filho.

Os cachorros não têm palavras para transmitir seu amor incondicional, mas fazem a sua maneira. É possível observar este sentimento através de alguns sinais inequívocos: quando dormem ao nosso lado, quando esperam nosso regresso, ao imitar certos comportamentos humanos (por exemplo, um bocejo), ao balançar o rabo como sinal de alegria ou para mostrar empatia.

O hormônio do amor que nos ajuda a compreender o amor incondicional.

Poetas e filósofos seguem tentando explicar com palavras a paixão amorosa. No entanto, hoje em dia sabemos que é uma questão que depende da química de nosso cérebro. O hormônio que regula e ativa a paixão associada ao amor é a ocitocina. Este hormônio é produzido no hipotálamo e segregado pela glândula pituitária. A ocitocina está muito presente no vínculo emocional entre mãe e filho, o exemplo humano mais evidente de amor incondicional.

Apesar de este hormônio ser determinante nas relações amorosas, não devemos esquecer que tem também um lado negativo, pois é responsável pelas relações afetivas baseadas na dependência e nas condutas obsessivas.

Podemos afirmar que o amor que dói e não nos causa nenhum prazer é, na verdade, uma "embriaguez" provocada pela ingestão de ocitocina.

8- Amor Não Correspospondido.

O amor por alguém é geralmente gratificante desde que o sentimento seja mútuo. Quando a paixão por outra pessoa não é recíproca se trata de um amor não correspondido.

Está associado a uma série de fortes emoções, tais como a frustração, a tristeza, a obsessão, a raiva e a impotência. Logicamente, esta combinação peculiar tem um componente emocional destrutivo que pode transformar-se em sofrimento.

O que podemos fazer quando amamos, mas não somos amados?

Enfrentar um amor não correspondido é doloroso e amargo. Embora não haja uma receita infalível para superar este tipo de situação, existem algumas considerações que devem ser úteis. Em primeiro lugar, é conveniente aceitar de maneira racional que a pessoa querida não os quer. Em segundo lugar, devemos analisar porque ficamos magoados com a situação. Por outro lado, é importante não entrar em desespero.

Para que a desilusão emocional não se intensifique é aconselhável distanciar-se fisicamente da pessoa amada e buscar algum tipo de distração.

Enfim, diante deste problema é necessário colocar em pratica estratégias que nos ajudem a recuperar o equilíbrio emocional.

Um tema clássico na literatura

Nos romances o tema amor é abordado de muitas maneiras e uma delas é, mais precisamente, através do amor não correspondido. Os personagens que experimentam esta paixão são profundamente marcados. Tanto na vida real como na ficção, o amor não correspondido é uma variante do amor impossível.

O personagem de Don Quixote se apaixona por uma humilde camponesa chamada Aldonza Lorenzo, mas na fantasia delirante do cavaleiro fidalgo é conhecida por outro nome, Dulcinéia de Taboso. O que mais chama a atenção desta história de amor é que Dulcinéia, é na verdade, fruto da imaginação exuberante do protagonista do romance.

No romance "Grandes Esperanças" de Charles Dickens o protagonista é um jovem chamado Pip que se apaixona por uma jovem atraente e arrogante, Estela. Ele é órfão de origem muito humilde e ela filha adotiva de uma senhora muito rica. Para Pip sua amada é uma pessoa inacessível por causa de sua beleza e seu status social.

Na obra "Romeu e Julieta", de William Shakespeare, encontramos a antítese do amor não correspondido. Apesar disso, os dois personagens têm um final trágico porque seu amor esta cheio de dificuldades insuperáveis.

9- Amor Próprio

O amor é um sentimento intenso que normalmente se sente por outra pessoa. Sentir amor por alguém implica uma série de intensas emoções: desejo, ciúme, afinidade e inclusive viver com algo doloso e contraditório. De qualquer forma, existe uma variante desta paixão interior: o amor próprio.

1. De um modo simples, podemos definir o amor próprio como um respeito a si mesmo. Costuma-se dizer que seremos queridos pelo próximo a partir do momento que nos queiramos bem, Por este motivo, a autoestima é o elemento essencial desta versão do amor.

A ideia de estar bem e poder aceitar-se são requisitos necessários para que o amor prevaleça

O conceito amor próprio envolve o sentimento de um diálogo interno, satisfatório e positivo que termina em nossa aceitação pessoal. Em outras palavras, nós nos aceitamos e consequentemente nos queremos. Uma vez alcançado este estado equilíbrio é possível falar de amor próprio.

Em certas ocasiões, quando se diz que uma pessoa tem muito amor próprio não é questão de autoestima, mais sim de orgulho

Assim, ambos os sentidos apresentam duas possibilidades: uma de tendência negativa e outra positiva. O orgulho ligado ao amor próprio é um sentimento que mostra arrogância e excesso de autoestima. Em contrapartida o amor próprio, no bom sentido, não é vaidoso nem pretensioso, simplesmente consiste em tratar-se bem, ou seja, querer-se bem. Logicamente, a fronteira entre o orgulho e a autoestima é imprecisa, portanto é difícil delimitar quando se trata de um sentimento ou outro.

Assim como o amor dos outros em relação a nós vai além das nossas possibilidades, o amor próprio é exclusivo e depende da vontade de si mesmo. Neste sentido, pode-se dizer que o ser individual funciona como um pacto emocional.

Da mesma forma, pode-se entender a partir de outro ponto de vista. Não num sentido estreitamente emocional, mas sim como um mecanismo de conservação, uma forma de nos proteger emocionalmente. Na verdade, quando se perde o amor próprio fica uma sensação de desarme e derrota.

No mundo sentimental não há definições precisas como acontece em outras áreas. Por isso, o amor próprio se apresenta como uma vivência que cada indivíduo entende a sua maneira, como as paixões humanas que são pessoais e únicas.

10- Amor Proibido

O amor deveria ser simples, entendido como aquele sentimento em que duas pessoas se unem, têm a liberdade e a disposição necessária para crescer juntos e iniciar um projeto de vida em comum. Entretanto, existe também o poder do proibido e a luta contra obstáculos que procuram impedir a formação do casal.

Histórias impossíveis

O amor proibido inspirou grandes histórias no cinema e na literatura. Na verdade, no contexto televisivo, as telenovelas mostram a trama de dois protagonistas que se conhecem e se apaixonam perdidamente, no entanto, logo descobrem viver um amor proibido porque há uma barreira que os separa. A partir daí nasce a base argumentativa das histórias que só se resolve no final.

Uma forma de amor proibido é a história de um sentimento clandestino que surge entre duas pessoas, pois uma delas ou ambas já tem outro amor. Ou seja, há um triângulo amoroso diante dessa situação, ou então uma história de vida dupla.

As pessoas que iniciam uma história de amor com algum elemento que a torna impossível confundem o amor com a constante superação de obstáculos e dificuldades, vivem na corda bamba da emoção contínua

A pessoa amada parece ser toda a felicidade, um refúgio de bem-estar cuja ausência é vivida como um autêntico drama.

No imaginário coletivo, Romeu e Julieta se tornaram dois personagens da cultura popular como símbolo do romantismo ligado à impossibilidade de um amor marcado por diferenças irreconciliáveis.

Do ponto de vista psicológico, este tipo de história se alimenta da obsessão que produz no inconsciente o conceito de limite que nutre a lei do desejo. Enquanto um possível amor é fonte de felicidade, pelo contrário, o poder do impossível traz desolação, angústia, tristeza, desespero e vulnerabilidade.

Para o ser humano é muito complexo querer entregar seu coração e não poder fazê-lo com liberdade. Isto pode levar a uma luta interior, um ideal inconsciente na qual o protagonista recria imagens de felicidade com o objetivo dos seus sonhos, mas que na realidade se impõe um freio. Inclusive, embora o amor se materialize é bem possível que esteja apenas ligado ao domínio do clandestino.

Existem muitos tipos de amor com estas características. Por exemplo, quando uma pessoa se apaixona por outra comprometida, quando ama loucamente alguém que não corresponde, quando continua apaixonada por um antigo amor que chegou ao fim contra sua vontade. São histórias em que a tentação se faz presente e a pessoa sofre uma luta interior.

Na literatura, o personagem de Anna Karenina, da obra de Leon Tolstoy, mostra o trágico desenlace da protagonista depois de ter vivido um amor clandestino que a levou abandonar seu marido e filho.

12- Sorte ou Azar no Amor

Muitas pessoas dizem ter azar no amor o falta
de sorte, mas você já parou para pensar que amar
não tem nada haver com sorte ou azar , e sim pela a
decisão que você tomou em ter ou não um
relacionamento com outra pessoa? Mas ai você
pode pensar como iria saber se não tivesse
arriscado no relacionamento. Pois bem mas saiba
que você pode passar a vida toda ao lado de uma
pessoa e jamais vai conhece la 100%.

Como assim? Simples, pessoas no modo geral
São diferentes uma das outras, cada pessoa tem sua
mania ou seja cada ser humano tem sua

individualidade que dentro de um relacionamento deve ser respeitada.

Muitas pessoas têm o hábito de dizer que tem azar no amor, tem "dedo podre" para escolher um parceiro ou que apesar de tentar encontrar alguém nunca conseguem viver um romance estável. Será que você está mesmo com má sorte no amor? Entenda melhor essa questão com as reflexões propostas por este artigo.

13- Azar no amor a culpa é minha?

É óbvio que ninguém quer ter azar no amor, ninguém deseja isso para si mesmo, mas muitas pessoas constatam esse fato depois de passar por desgostos em relacionamentos e acabam instituindo que são azaradas nesse quesito e não há quem tire isso de suas cabeças. E é aí que mora o problema.

Se você conta sua história de amor e não sofre mais, é porque se curou

Moço, você não cabe mais na vida dela

O que eu faria se estivesse no lugar do outro?

Quando alguém sofre uma desilusão amorosa, a tendência é achar que todas as pessoas são iguais e que se você se envolver com outros, o mesmo irá acontecer. Frases como: "Homem é tudo igual", "Ninguém quer nada sério com ninguém", "Mulher adora um homem casado", "Homem só pensa naquilo", "Mulher só gosta de dinheiro", "Não confio em ninguém, nem na minha própria sombra", etc. Esse tipo de pensamento até é compreensível quando acabamos de sair da dor de uma decepção, mas a manutenção dele irá atrair energias negativas para a sua vida amorosa.

Quem tem esse tipo de pensamento e tenta entrar em uma nova relação, já começa com um pé atrás (algumas pessoas entram com os dois pés atrás mesmo!). Vivem na defensiva, tem muito medo de serem enganadas, de sofrer novamente. É terrível tentar se relacionar com alguém que pensa dessa maneira. Não se pode agir de forma natural, porque em cada atitude a pessoa desconfiada acredita que temos uma segunda intenção, a relação passa a viver sob o controle de quem já foi enganado – e o pior: a pessoa ainda acredita que está com toda a razão! "Eu já fui enganada(o) uma vez, não vou deixar isso acontecer de novo!". E o que acontece? Ninguém suporta esse tipo de cobrança e de desconfiança, e o relacionamento vai por água abaixo. Nasce a frase: tenho azar no amor. Ninguém nasce predestinado a sofrer eternamente por amor, algumas pessoas apresentam maiores dificuldades e obstáculos, mas estar fadado ao fracasso amoroso, ninguém está. É preciso aprender com os erros e reconstruir a vida amorosa.

14-É preciso perdoar e reconstruir a sua autoestima.

Se você já está convencida(o) de que o tal "azar no amor" não existe, agora é a hora de tentar enxergar onde está o problema e o que tem atraído tantos obstáculos para a sua felicidade amorosa. Você pode se fazer algumas perguntas decisivas, como:

Eu estou procurando os defeitos de um ex parceiro(a) nos meu relacionamentos atuais?

Eu estou acreditando em alguma máxima como "Homem não presta"?

Eu ainda estou magoada com a(s) pessoa(s) que me fez/fizeram mal no passado?

Se você respondeu sim para uma ou mais perguntas acima: aí está o problema. É preciso se libertar da dor de uma decepção e aprender a perdoar quem te fez mal. Por mais que seja difícil, guardar ódio, rancor e amargura é algo que irá te prejudicar pelo resto da vida. Você acha justo que a sua vida amorosa seja um fracasso devido ao mal que te fizeram no passado? É claro que não. Então exerça o perdão, esqueça quem te fez mal, olhe para um novo relacionamento com olhos lavados, sem começar na desconfiança, sem esperar que o mal aconteça novamente. Já pensou que quanto mais você teme uma traição, uma decepção ou uma mentira mas ela se aproxima de você? É verdade.

15- Você precisa gostar de si e valorizar-se.
Após deixar de lado o rancor e a amargura pelos problemas amorosos do passado, é preciso passar a valorizar-se. Muitas pessoas saem dos relacionamentos em frangalhos, com a autoestima muito abalada, sem conseguir gostar de si mesmo. Essa é uma receita para futuros relacionamentos fracassados. É comum a pessoa se relacionar com outros que considera "pouco interessante" por achar que não irá conseguir nada melhor. Isso não é o ideal, se você não se sente realizada em um

relacionamento, é melhor estar só! Não fique com alguém só por estar, pois esse relacionamento não é saudável. Você precisa encontrar a sua essência, se conhecer, gostar de si para que os outros também consigam enxergar o que você tem de bom a oferecer e se apaixonem por você.

16- Entenda que ninguém é perfeito.

Ninguém virá bater à sua porta com todas as características que você sempre sonhou em um parceiro. Infelizmente o príncipe encantado e as princesas só existem nos contos de fadas, todos os seres humanos possuem defeitos, dificuldades de relacionamento, hábitos difíceis. Todos nós somos imperfeitos, temos nossas peculiaridades, é por isso que ter um relacionamento amoroso saudável é algo difícil: é preciso ter muita flexibilidade e compreensão dos dois lados. Ninguém disse que seria fácil, e na verdade não é. É preciso conversar, tentar entender o lado do outro, como é a sua personalidade, qual é o seu espaço e qual é a intenção dele(a) neste relacionamento. Não ter a mesma intenção que você em um romance não torna a pessoa pior do que você, mas sim diferente. Você precisa aprender a conviver com as diferenças para tentar ser feliz no amor.

17-Terceirizar o fracasso no amor não ajuda em nada.

A verdade pode ser dura, mas precisa ser dita: enquanto você não se responsabilizar pelas dificuldades da sua vida amorosa, você não vai conseguir ser feliz no amor. Alguém ter te machucado no passado não é justificativa para que vire o mestre dos estereótipos dizendo para todo mundo que ninguém presta. É muito mais fácil constatar que sua vida amorosa é um desastre, reclamar aos quatro ventos que não se encontra alguém que queira algo sério e amargurar a vida sozinha do que tomar partido pela sua vida, fazer a sua parte para mudar essa dinâmica de "azar", buscar melhorar os seus defeitos e procurar a pessoa certa para ser o seu companheiro. Essa mudança depende muito mais de você do que dos outros.

Tente encontrar uma pessoa certa – há sempre alguém procurando uma pessoa como você

Não adianta procurar a felicidade nas pessoas erradas. Você já parou para pensar como é o parceiro(a) que você deseja? Agora pense: você está procurando no lugar certo? Perceba o que você deseja, respeite o seu desejo, e principalmente respeite as pessoas ao seu redor: ninguém tem de ser exatamente do jeito que nós sonhamos. Não existe uma pessoa perfeita para a outra, existem pessoas que se apaixonam, se adaptam um ao outro e assim nasce o amor. Se você não encontrou ninguém assim, tenha calma. Muitas vezes nós precisamos ficar sozinhos para encontrar a nossa felicidade. Só conseguiremos ser feliz em um relacionamento quando formos capazes de sermos felizes sozinhos! Um relacionamento não é uma solução de problemas. Tudo tem seu tempo, muitas vezes o seu tempo é de ser feliz sozinho(a), e a sua vida amorosa será plena em breve. Analise as questões que lhes propomos, faça um balanço, exercite o perdão, tome as responsabilidades pela sua vida amorosa. Só o autoconhecimento nos torna conscientes dos nossos atos e equilibrar nossas energias para que possamos ser felizes no amor.

Você é responsável pela sua vida sentimental, mais ninguém. Quando começamos a conhecer uma pessoa, no inicio é tudo maravilhoso pois ainda não convivem muito tempo juntos ,não sabem os defeitos um do outro , e não diga que existam pessoas perfeitas pois não existe ser humano perfeito como já falamos anteriormente cada ser humano tem sua individualidade e manias e cabe nos adaptarmos uns aos outros.

Então no amor não é questão de sorte ou azar e sim das suas próprias escolhas que você faz para sua vida.

18- Sentimentos

Você sabe o que é um sentimento? E como São subdivididos?

Sentimento: os tipos de sentimentos podem ser divididos em negativo (tristeza, medo, hostilidade, frustração, raiva, desespero, culpa, ciúmes), positivo (felicidade, humor, alegria, amor, gratidão, esperança) e neutra (compaixão, surpresa).

Vamos falar um pouco mais sobre sentimentos, você sabia que sentimento não tem nada haver com Amor? Para amar você deve usar sua inteligência perceber o que te faz bem, perceber o quanto a pessoa que você ama de sacrifica para te fazer feliz e vice versa agora sentimentos são passageiros pois você pode sentir muitas sensações duante seu dia e sua vida.

Às vezes, a gratidão ou a compaixão, entre outros sentimentos, criam laços afetivos muito fortes entre as pessoas. São sentimentos que parecem amor, mas não são, porque são construídos sobre bases diferentes.

Em matéria de sentimentos, as coisas não são tão precisas quanto na geometria ou na matemática. Os seres humanos são marcados por a

ambiguidades, contradições e imprecisões. Portanto, não é incomum para nós experimentar sentimentos que parecem amor sem que realmente sejam.

O amor tem uma contrapartida que se encaixa no próprio sentimento. Em qualquer amor podem existir sensações de desamor, e até de ódio. Ninguém ama os outros perfeitamente. O que acontece é que pode ser o afeto primordial que nos une a um ou mais seres humanos.

Às vezes, estamos convencidos do amor que sentimos por outras pessoas, embora na realidade esse sentimento não seja aquele que predomina. Isso acontece porque existem muitos sentimentos que parecem amor, mas não são. Eles estão muito próximos do amor, mas não chegam a ser iguais. A seguir, apresentamos cinco deles.

Na gratidão, existe um componente de amor, mas esse sentimento não é o amor em si. Às vezes, existem pessoas que fazem algo muito significativo por você. Às vezes, podem estar ao seu lado nos momentos difíceis e permanecem firmes quando os outros não dão um centavo pelo seu futuro. Outras vezes, simplesmente passam um tempo com você e te dão carinho sem pedir nada em troca. Isso pode ter um grande impacto no seu mundo interior.

O que alguém te dá pode fazer você sentir uma gratidão especial por essa pessoa. Um desejo de corresponder ou um desejo de que ela fique bem. Esse sentimento pode ser facilmente confundido com o amor. No entanto, no fundo não amamos a outra pessoa pelo que ela nos dá, e sim pelo que ela é.

A compaixão é mais um desses sentimentos que parecem amor, mas não são. É definida como a capacidade de se identificar c.., além de senti-la e compreendê-la. Portanto, esse sentimento implica a existência de alguém que sofre e de outra pessoa que acolhe plenamente esse sofrimento.

É, por si só, uma forma de amor, mas não amor em si. Às vezes, o desejo de ajudar essa pessoa, de libertá-la da dor, nos leva a sentir como se fosse um sentimento amoroso propriamente dito. Mas não é isso que acontece porque: o que resta disso quando a pessoa supera a dor que a aflige? Existe a mesma capacidade de compartilhar a alegria dela?

Costume

O costume tem um enorme poder na vida dos seres humanos. Nós temos a capacidade de nos acostumar tanto a algo ou alguém

que podemos desenvolver um apego extremamente forte em relação a essa coisa ou pessoa. Sentimos muita dor diante da possibilidade de perder esse algo ou esse alguém.

Nós nos acostumamos tanto a uma pessoa que passamos a acreditar que a amamos, simplesmente porque é muito difícil para nós tolerar a ideia de que ela possa não estar presente na nossa vida. Pode haver uma resistência tão forte à mudança a ponto de nos impedir de entender qual é o verdadeiro sentimento que está por trás desse apego.

Admiração

A admiração é um sentimento muito próximo do amor, mas não é o amor em si. Na admiração, existe um forte componente racional e mental. Determinada pessoa é apreciada porque conta com uma certa virtude ou um certo talento que são muito reconfortantes para o outro. Existe algum aspecto proeminente ou marcante nessa pessoa, que leva a um desejo de estar perto dela ou de estar presente no momento em que essa característica admirável é mostrada.

Quando se ama alguém, mais do que amar por uma razão específica, ama-se apesar de determinados motivos para não amar. Em outras palavras, quando amamos de verdade, amamos integralmente. De fato, somos particularmente tocados pelas fraquezas ou deficiências dessa pessoa, e não pela exibição de grandes virtudes.

Dependência, o último dos sentimentos que parecem amor

Esse é mais um dos sentimentos que parecem amor, mas que não é. Existe dependência quando o outro é considerado imprescindível, seja de maneira específica ou geral. A pessoa sente que não é capaz de viver sem a presença do outro e esse sentimento intenso a leva a pensar que o ama muito.

Embora seja verdade que no amor existe a necessidade da companhia do outro, essa necessidade não é a causa do vínculo, mas uma consequência dele. Isso significa que nós nos sentimos bem sem essa pessoa, mas nos sentimos muito melhor se a pessoa que amamos está presente. Existe uma grande diferença entre isso e não conseguir viver sem o outro.

Como você pode ver, existem muitos sentimentos que estão próximos do amor, sem que o sejam de fato. Às vezes, a linha que separa uma realidade da outra é muito sutil. Por isso, é relativamente fácil fazer confusão nomeando outro sentimento como amor. Portanto, é saudável repensar o que sentimos e dar o nome mais preciso em cada situação.

19- Coração x inteligência

Você já se pegou em uma situação em que está lutando por um relacionamento sozinho? Se não passou não queira jamais passar pois é uma sensação de incapacidade de ver como exemplo a água escorrer pelas mãos e você não consegue segurar.

Não vá pelo seu coração, sei que é difícil deixar o coração de lado em um relacionamento mas é a única solução para evitar ficar sofrendo, pois quanto mais corremos atrás de alguém,mais esse alguém foge de nós e nos maltrata e nos faz sofrer.

Pare totalmente e Use a inteligência se quer ter alguém que ama na sua vida e esta lutando sozinho pare de correr atrás, de o espaço e tempo necessário para essa pessoa "respirar" ninguém vai atrás de quem está atrás de nos 24horas por dia, de espaço para surgir a saudade de espaço para surgir o que se apagou durante o tempo que viveram juntos use sua inteligência pois quando agimos com o coração a probabilidade de dar tudo errado é muito alta pois estamos agindo com a emoção e deixando assim o lado racional de lado.

Pare, pense, reflita em todo o contextoda situação e vai perceber que você correr atrás de alguém não é um relacionamento sadio, não é um relacionamento de recíproca e vai acabar lhe fazendo mal.

Um relacionamento para ser saudável deve ser de uma forma leve, feliz, e recíproco a balança deve ser equilibrada para ambos os lados.

Quando amamos outra pessoa não a fardo a se carregar, à uma certeza somente que está fazendo a coisa certa.

Quando em um relacionamento percebemos que a balança está pendendo mais para um lado do que o outro, está na hora de ligar o alerta pois tudo em nossas vidas tem que haver equilíbrio. Esse é um sinal muito importante a se observar pois sem equilibrio tudo fica um pouco mais complicado pois o respeito já começa a não existir mais , a recíproca do casal também já começa a ficar abalada e antes que você perceba está correndo atrás do seu cônjuge e infelizmente quando mais você corre atrás de uma pessoa que está se relacionando , mais essa pessoa foge de você. Dica para quem vive essa situação: pare de correr atrás de seu cônjuge imediatamente pois isso te desvaloriza e você não irá conseguir o que tanto quer que é a

atenção da outra pessoa isso tem um efeito inverso,
pois quando mais você vai atrás mais essa pessoa
irá desprezar você.

21- Se valorize

Aprenda a se valorizar, porque se valorizar?
Simples quem vive correndo atrás de seu cônjuge
não está se valorizando nenhum pouco, e pessoas
que não demonstram seu valor não demonstra o
amor próprio,

Lembre se você em primeiro lugar, como você
pode dar amor e cuidar de alguém se você não
cuida nem de si próprio?

Então cuide de você, ocupe sua mente com
outras coisas, exemplo com seu trabalho com seus
estudos, com cursos com coisas que te faça evoluir
na vida em todos os sentidos como pessoa, se vista
bem esteja sempre bonita(o) , mas não paraos
outros e sim estaja bonito(a) para si proprio.

Quando cuidamos de nós em primeiro lugar,
não temostempo para ficar pensando besteiras
sobre nosso parceiro ou parceira e você cuidando

de você vai poder cuidar muito melhor da pessoa Amada pois se você sabe se cuidar pode cuidar muito melhor de quem está ao seu lado.

Você cuidando de você primeiramente, sua alto estima melhora seu humor melhora e você nunca mais vai se ver em uma posição correndo atrás de pessoa alguma nessa vida, pois por mais que você ame seu cônjuge o seu amor próprio é maior e melhor que qualquer outra coisa.

Valorize quem esta ao seu lado.

Algo que muita gente precisa aprender, é valorizar a pessoa que está ao seu lado, muitas pessoas se casam vivem um bom tempo juntos mas não valorizam a pessoa que você tem junto de você.

Aprenda a cuidar de quem cuida de você, pois muitas pessoas, casais se deixam cair na rotina do dia a dia e não consegue mais enxergar no parceiro (a) uma pessoa por qual se apaixonou e resolveu dividir a vida.

Pois quando deixamos nosso relacionamento cair na rotina começamos a focar nos defeitos das pessoas e a pessoa que mais você convive é a pessoa pela qual vai pagar o preço.

Ai você se vê na situação por exemplo no trabalho um homem ou uma mulher muito mais jovem que sua parceira ou parceiro que visualmente parece mais atraente que sei cônjuge e você por estar vivendo um momento de rotina no seu relacionamento a primeira oportunidade de poder sair daquela rotina do dia a dia você acaba "aproveitando" e possivelmente colocando seu relacionamento a perder por um momento de prazer.

Então valorize a pessoa que está ao seu lado, não deixe seu relacionamento cair na rotina desgastante.

22-Crie novas rotinas

Crie novas rotinas, inove seu relacionamento, namore mais se cuide mais surpreenda seu cônjuge com coisas novas experiências novas ,não deixe que a rotina do dia a dia acabe com seu relacionamento, pois nos dias atuais se percebe que no primeiro sinal vermelho do relacionamento que seria um alerta para poder se consertar os casais se separam sem ao menos lhes dar uma chance de fazer dar certo.

Você pode reparar nos dias de hoje casamentos parecem trocas de roupas, se não der certo hoje amanhã já está com outra pessoa e assim por diante.

Mas se você ama seu cônjuge lute por ele mas da forma correta monstrando que você o ama mas em primeiro lugar se Ama.

Uma lei do universo é tudo que é seu volta para você, então se por acaso você tentou de tudo e mesmo assim não deu certo, fique tranquilo pois tudo que tem que ser seu vem ao seu encontro.

Siga em frente pois a vida não espera por ninguém, o tempo continua a correr, viva sua vida da melhor maneira possivel ,faça o bem sempre independente da situação pois é uma lei biblica que tudo que se planta você vai colher, se você planta amor, vai colher amor, se você planta carinho vai colher carinho, então sempre semeie coisas boas que tudo que você plantar de bom vai voltar multiplicado para você.

Siga em frente sempre cuidando de você tanto no aspecto fisico como no aspecto emocional pois como já conversamos anteriormente que a pessoa tem que ter equilíbrio em tudo para sua vida fluir muito bem

22.2-Nada que não é alimentado cresce

Uma outra lei da vida é que nada que não se alimenta cresce, um exemplo seria uma planta, se não der água para ela todos os dias ela não vai crecer

O amor é um exemplo se ele não for alimentado com carinho afeto e reciprocidade ele não vai crescer ,não vai desenvolver e vai acabar morrendo.

Em um relacionamento se você não quer nada serio com a outra pessoa a o melhor a fazer é não alimentar essa esperança pois quando se alimenta essa esperança cresce e se transforma em algum tipo de amor que comentamos anteriormente e depois para cortar esses laços afetivos vai ser dolorido e alguma das partes vai sair machucado e sofrendo.

Nunca brinque com o sentimento de ninguém pois nessa vida também existe a lei do retorno, quando magoamos uma pessoa a uma enorme possiblidade de nos também sermos magoados por outro alguém na mesma medida então para finalizar esse assunto não queira para os outros o que você não quer para si proprio.

23-Medo

Vamos falar Um pouco sobre o medo.

O medo é uma reação de alerta muito importante para a sobrevivência dos seres humanos, mas, em alguns casos, pode tornar-se paralisante.

23.1-O que é medo?

As definições dos dicionários indicam que a palavra medo significa uma espécie de perturbação diante da ideia de que se está exposto a algum tipo de perigo, que pode ser real ou não. Pode-se entender ainda o medo enquanto um estado de apreensão, de atenção, esperando que algo ruim vá acontecer.

Para além das definições da palavra, o medo é uma sensação. Essa sensação está ligada a um estado em que o organismo se coloca em alerta, diante de algo que se acredita ser uma ameaça.

O medo é um estado de alerta extremamente importante para a sobrevivência humana. Uma pessoa sem medo nenhum pode se expor a situações extremamente perigosas, arriscando a própria vida, sem medir as possíveis consequências trágicas de seus atos.

22.2-Como o organismo reage ao medo?

O medo é uma sensação em consequência da liberação de hormônios como a adrenalina, que causam imediata aceleração dos batimentos cardíacos. É uma resposta do organismo a uma estimulação aversiva, física ou mental, cuja função é preparar o sujeito para uma possível luta ou fuga. Antes de sentir medo, a pessoa experiencia a ansiedade, que é uma antecipação do estado de alerta. Entre outras reações fisiológicas em relação ao medo, podemos citar o ressecamento dos lábios, o empalidecimento da pele, as contrações musculares involuntárias como tremedeiras, entre outros.

Em alguns casos, o organismo reage de forma exagerada ao medo, fazendo com que esse estado de alerta, benéfico em muitos momentos da vida, transforme-se em um estado patológico, quando o medo se transforma em fobia. A fobia se trata de uma antecipação do medo ou da ansiedade. Sua característica mais importante é o comprometimento da relação que o sujeito estabelece com o mundo que o cerca. No caso da fobia, o medo não prepara o indivíduo para decidir entre lutar ou fugir, ele o paralisa, impede que se relacione com o objeto de seu medo.

22.3-O medo deve ser tratado?

Não se fala em tratamento para o medo, a não ser nos casos em que ele se torna irracional, como na fobia. Nesses casos, o tratamento mais conhecido em psicoterapia é a Dessensibilização Sistemática, que consiste numa aproximação sucessiva do sujeito em relação ao seu objeto de pavor. Por exemplo, se uma pessoa desenvolve fobia em viajar de avião, a técnica propõe exposições que gradualmente se aproximam da viagem, como balançar, olhar para baixo de um andar alto, entrar em um avião estacionado, até que finalmente a pessoa aceite e consiga realizar a viagem. Não é um tratamento fácil, requer dedicação de paciente e terapeuta, mas mostra resultados bastante significativos. Outros tratamentos são baseados em teorias, como as que propõem a origem do medo ou da fobia em traumas do passado, reais ou imaginários. Nesses casos, quando se consegue compreender o trauma em seus mais diversos significados, os medos tendem a diminuir significativamente. De qualquer forma, qualquer tratamento visa a diminuir a níveis normais ou mais equilibrados a resposta de alerta que o medo gera.

22.4-Medo dentro de um Relacionamento

O medo dentro de um Relacionamento é uma situação complicada geralmente o principal medo é o medo de perder a pessoa amada.

Infelizmente o medo também se enquadra na lei do universo pois tudo o que mais o ser humano teme geralmente acontece, então pare agora mesmo e preste muita atenção nisso: quanto maior o medoque você tiver de perder a pessoa amada maior a chances de isso acontecer então não tenha medo e sim tenha certeza que vocês vão ser felizes sempre que isso que irá acontecer , exclua esse tipo de medo da sua vida e de seu relacionamento será o inicio paratudo começar a dar certo em sua vida.

25-Tenha domínio proprio.

Ter dominio próprio é primordial para você ser feliz em tudo em sua vida, como você pode fazer alguém feliz se você não é feliz? Nós só podemos dar a alguém o que temos então seja uma pessoa alegre, seja uma pessoa confiante, seja uma pessoa feliz, pois pessoas felizes atraem pessoas na mesma sintonia para perto de si.

Ter dominio próprio não é viver robotizado, ter dominio próprio é ter o total e absoluto controle da sua vida de seus sentimentos e suas emoções, é você permitir as coisas acontecerem na sua vida de uma forma saudável se afastando de coisas ruins e energias ruins.

Lembresse de sempre agir pela razão e nunca pelas emoções pois quem vive de emoções está exposto ao acaso está jogado a sorte e como vimos nos tópicos anteriores sabemos que Amar é uma decisão é uma escolha que você faz para a sua vida.

Na vida até podemos tomar decisões erradas ,mas quem decide permanecer no erro somos nós mesmos então use sempre a razão pois sendo racional as chances de você errar diminuem bastante.

26- Deus é a base de tudo

Tudo nas nossas vidas é baseado em Deus.

Você pode até não acreditar em Deus, mas Deus é o centro de tudo.

Deus é o amor .

Deus é o único caminho.

Deus é a única saida.

Quantas vezes nos pegamos em situações difíceis e logo veio Deus em nossos pensamentos e oramos a ele e logo aquela situação que parecia impossível apareceu claramente a resposta que você precisava diante dos teus olhos. O maior amor do mundo é o de Deus que está sempre disposto a perdoar mesmo nós errando continuamente e vivendo em erros atrás de erros.

62